AF228299

HABILIDADES ANIMALES

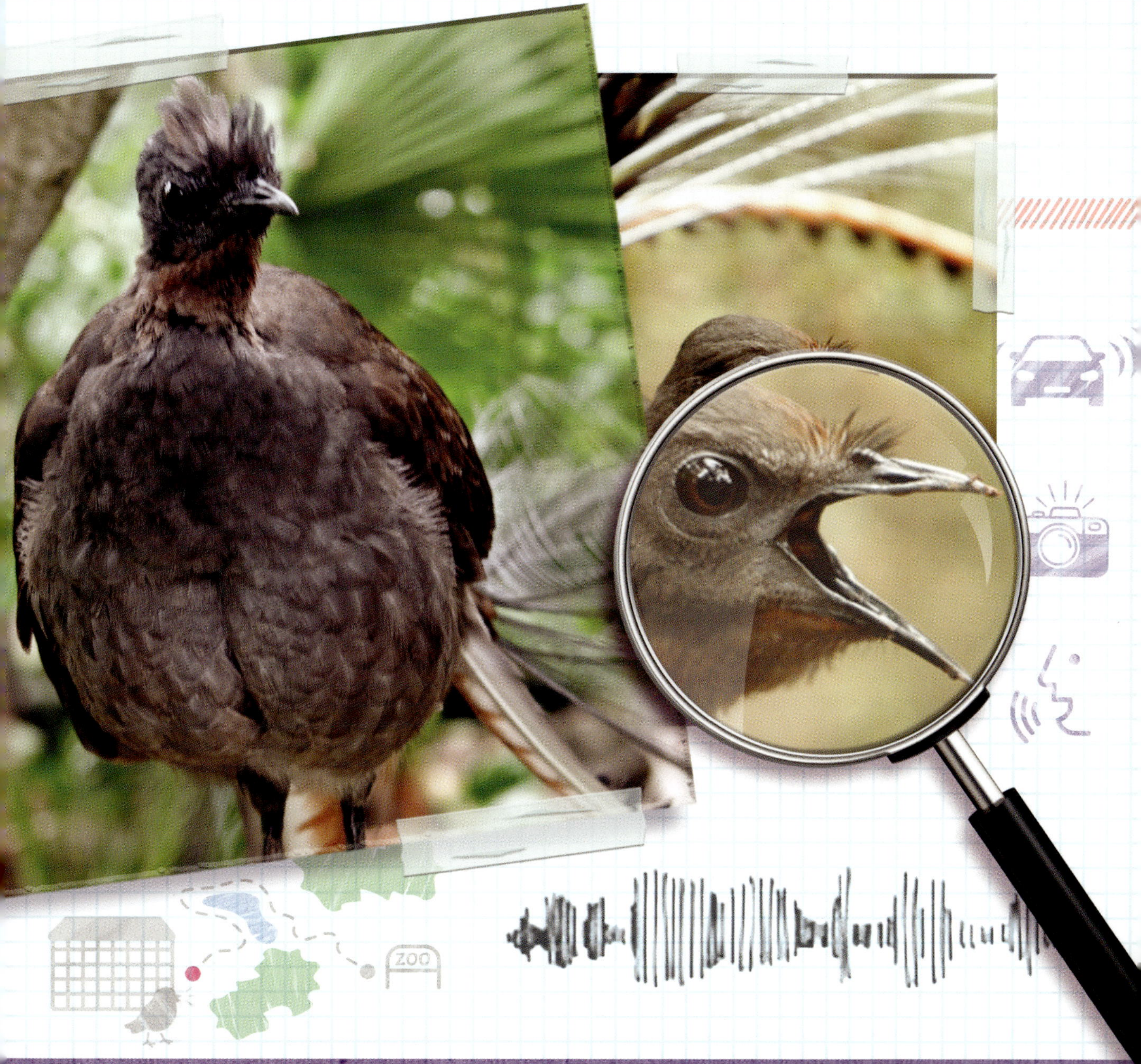

De Tracy Santos y Pablo de la Vega

ANTES Y DURANTE LAS ACTIVIDADES DE LECTURA

Antes de la lectura: *Desarrollo del conocimiento del contexto y el vocabulario*

Construir el conocimiento del contexto puede ayudar a los niños a procesar la información nueva y a usar la que ya conocen. Antes de leer un libro, es importante utilizar lo que ya saben los niños acerca del tema. Esto los ayudará a desarrollar su vocabulario e incrementar su comprensión de la lectura.

Preguntas y actividades para desarrollar el conocimiento del contexto:

1. Ve la portada del libro y lee el título. ¿De qué crees que trata este libro?
2. ¿Qué sabes de este tema?
3. Hojea el libro y echa un vistazo a las páginas. Ve el índice, las fotografías, los pies de foto y las palabras en negritas. ¿Estas características del texto te dan información o ayudan a hacer predicciones acerca de lo que leerás en este libro?

Vocabulario: *El vocabulario es la clave para la comprensión de la lectura*

Use las siguientes instrucciones para iniciar una conversación acerca de cada palabra.

- Lee las palabras del vocabulario.
- ¿Qué te viene a la mente cuando ves cada palabra?
- ¿Qué crees que significa cada palabra?

Palabras del vocabulario:
- campos magnéticos
- camuflaje
- depredadores
- ecolocalización
- habilidades
- imitar
- recinto
- tuberculosis

Durante la lectura: *Leer para entender y conocer los significados*

Para lograr una comprensión profunda de un libro, se anima a los niños a que usen estrategias de lectura detallada. Durante la lectura es importante hacer que los niños se detengan y establezcan conexiones. Esas conexiones darán como resultado un análisis y entendimiento más profundos de un libro.

Lectura detallada de un texto

Durante la lectura, pida a los niños que se detengan y hablen acerca de lo siguiente:

- Partes que sean confusas.
- Palabras que no conozcan.
- Conexiones texto a texto, texto a ti mismo, texto al mundo.
- La idea principal de cada capítulo o encabezado.

Anime a los niños a usar las pistas del contexto para determinar el significado de las palabras que no conozcan. Estas estrategias los ayudarán a aprender a analizar el texto más minuciosamente mientras leen.

Cuando termine de leer este libro, vaya a la penúltima página para ver las **Preguntas relacionadas con el contenido** y una **Actividad de extensión**.

Índice

Estudio de caso: alarmas de autos en el zoológico

Hay un misterio en el zoológico. El personal ha estado escuchando sonidos extraños cerca del **recinto** del ave lira soberbia. Parecería que hay gente hablando. A medida que el personal se acerca, ¡escuchan sonidos de cámaras fotográficas y alarmas de autos!

La guardiana del zoológico analiza el área. Visita el recinto del ave a la misma hora en que la gente escuchó los sonidos. ¡También escucha los sonidos!

Comportamiento
del ave lira soberbia
ave lira soberbia

No se permiten autos en esa parte del zoológico. No había gente cuando se escucharon los sonidos. Ese es el único lugar donde la guardiana escucha esos sonidos. ¿Por qué vienen esos sonidos de dentro de la jaula? Conforme vayas aprendiendo sobre las **habilidades** animales, podrás ayudar a la guardiana a resolver el misterio.

Talentos especiales

El mundo animal está lleno de habilidades increíbles. Son algo así como los superpoderes de los animales. A veces les permiten usar algunos de sus sentidos, como el oído, de una manera distinta. En otros casos hay habilidades que son únicas para un tipo o grupo de animales.

tortuga caguama

rata de Gambia

orca

pulpo mimo

Las habilidades ayudan a los animales a sobrevivir haciéndoles más fácil encontrar comida, pareja o refugio. También pueden protegerlos de sus **depredadores**. Estas habilidades pueden cambiar la forma en la que los animales interactúan con el mundo que los rodea.

murciélago moreno

murciélagos vampiro

delfines

Habilidades en acción

Algunos animales tienen sentidos especiales. Por ejemplo, los delfines, algunas ballenas y la mayoría de los murciélagos pueden crear ondas de sonido. Estas ondas rebotan en los objetos, lo que ayuda al animal a evitarlos y a encontrar comida. Este sentido es conocido como **ecolocalización**.

Las habilidades pueden incluso ayudar a los animales a encontrar su camino a través de largas distancias. Las tortugas caguama nadan miles de millas al año para encontrar comida y construir sus nidos. Sienten los **campos magnéticos** de la Tierra y los usan para asegurarse de estar nadando en la dirección correcta.

murciélago de cueva

Camino a casa

Las tortugas caguama adultas ponen sus huevos en la playa y de inmediato se alejan nadando. Las tortugas bebé nacen y nadan hacia áreas donde hay más comida. Muchos años después, usan los campos magnéticos para regresar a las playas donde nacieron. Luego, ellas también ponen sus huevos ahí.

Otras habilidades permiten a los animales sonar o parecer algo distinto. Algunas aves pueden **imitar** el canto de otros tipos de aves. Lo hacen para comunicarse con las aves que las rodean, incluyendo a sus posibles parejas.

Muchos tipos de pulpos usan un **camuflaje** para parecerse a la arena, rocas u otras cosas cercanas. Esto les facilita esconderse de los depredadores. También les permite acercarse a otros animales para cazarlos.

Algunos animales tienen habilidades especiales que pueden ayudar a los humanos. Las ratas de Gambia pueden percibir olores que otros animales no perciben, incluyendo el de minas terrestres. Estas ratas pueden ser entrenadas para correr en el campo y alertar a los humanos cuando huelen una mina enterrada. Las ratas no pesan lo suficiente para hacer explotar dichas minas. Así, es posible retirar las minas con seguridad.

Magawa, la rata heroína

Un grupo de nombre APOPO entrena a las ratas para que encuentren minas y alerten a los humanos. Hay una rata que es tan hábil para encontrar minas terrestres que le otorgaron una medalla de oro. Magawa ha encontrado casi 40 minas terrestres, más que ninguna otra rata de Gambia.

Estas ratas gigantes también pueden salvar vidas de otra manera. Son entrenadas para oler la saliva de otra persona. Las ratas pueden saber si la persona tiene **tuberculosis**, una enfermedad mortal. Este «estudio ratuno» es mucho más rápido que cualquier otro tipo de estudio.

¿Qué es ese sonido?

La guardiana estudia a las aves lira. Ahora, tiene la respuesta. En la naturaleza las aves imitan los sonidos que las rodean. Estos son usualmente los cantos de otras aves, pero las aves lira del zoológico escuchan sonidos diferentes a las aves que viven en la naturaleza. ¿Ya sabes qué está pasando?

Las aves lira del zoológico
están imitando los sonidos
que hacen las personas que
las visitan. Es por eso que
producen sonidos como los
de las alarmas de los autos
o las cámaras. ¡Misterio
resuelto!

Para aprender más de este estudio
de caso y de los científicos de este libro,
busca en línea «Chook, el ave lira» y
«el zoológico de Adelaida».

Los ejemplos de este libro describen solo algunas de las increíbles habilidades del mundo animal. ¿Cómo podrías aprender de alguna otra que no fue descrita aquí? Busca otras habilidades animales y escoge una. Diseña una estrategia de estudio que pueda ayudarte a conocer más acerca de ella.

Cuando diseñes tu estrategia, piensa en lo siguiente:

1. ¿Qué habilidad animal estás estudiando?
2. ¿Qué información sobre esa habilidad te gustaría encontrar?
3. ¿Cómo crees que esa habilidad ayuda al animal?
4. ¿Cómo podrías comprobar que tu suposición es correcta?

Diseña tu estrategia de estudio. Asegúrate de que sea segura para cualquier ser vivo. Escribe un plan y compártelo con un amigo.

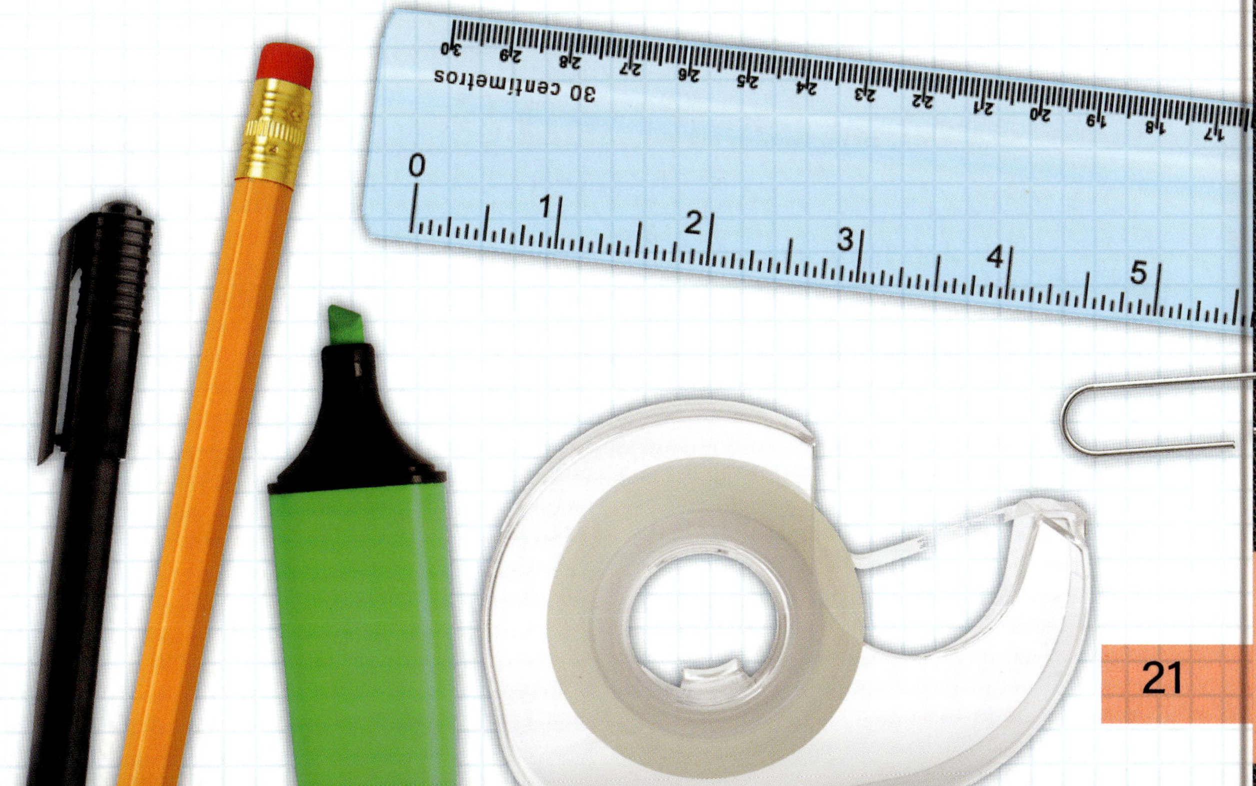

Glosario

campos magnéticos: Las áreas alrededor de los polos
magnéticos o las corrientes eléctricas que tienen la
capacidad de atraer metales.

camuflaje: Un disfraz o coloración natural que permite
a animales, personas u objetos esconderse haciéndolos
parecerse a su entorno.

depredadores: Animales que viven cazando a otros
animales para alimentarse.

ecolocalización: La habilidad para sentir objetos a
través del envío de ondas de sonido y de escuchar
dónde rebotan.

habilidades: Capacidades, destrezas.

imitar: Hacer un esfuerzo para parecerse a alguien
o a algo.

recinto: Un área rodeada por una barrera, como una
valla o un muro.

tuberculosis: Una enfermedad altamente contagiosa
causada por bacterias y que usualmente afecta
a los pulmones.

Índice alfabético

Preguntas relacionadas con el contenido

1. ¿Cuáles son las habilidades mencionadas en este libro que ayudan a los animales a sobrevivir? ¿Cómo lo hacen?
2. ¿Por qué el ave lira soberbia del zoológico hace sonidos tan extraños?
3. ¿Por qué son entrenadas las ratas de Gambia para encontrar minas terrestres?
4. ¿Qué habilidad usan las tortugas caguama para navegar?

Lecturas adicionales (en inglés)

Grunbaum, Mara. *Sea Turtles*, Children's Press, 2018

Koch, Falynn. *Science Comics: Bats*, First Second Books, 2017

Montgomery, Sy. *The Octopus Scientists*, HMH, 2015.

Acerca de la autora

Tracie Santos ama a los animales desde que era muy joven. Ha trabajado en zoológicos y acuarios y ha estudiado el asombroso comportamiento de muchos animales. Vive en Columbus, Ohio, con sus dos gatos calvos, cuya habilidad especial es saber cuándo es el momento de desayunar.

www.rourkebooks.com

PHOTO CREDIT: Cover ©Alex C Maisey, ©CraigRJD; back cover ©RayK Photos; p5 ©Nathan King, ©Susan Flashman; p6 ©PA Images; p7 ©Dave Watts; p8 ©tracielouise, hocus-focus; p9 ©APOPO, ©Nick Grobler, ©Trueog; p10 ©karen crewe, ©Danny Ye; p11 ©imageBROKER, ©Corina Daniela Obertas, ©32 Pixels; p12 ©JAH; p13 ©Shane Myers Photography, ©Florida Chuck, ©32 Pixels; p14 ©Kittichai numa, ©32 Pixels; p15 ©JodiJacobson, ©Placebo365; p16A ©Xavier Rossi, ©32 Pixels; p16 ©32 Pixels; p16b ©APOPO; p17 ©CB2/ZOB, ©32 Pixels; p18 ©David Noble, p19 ©tracielouise; p20 ©Natee Photo; p21 ©BonD80, ©Boltenkoff, ©photo, ©Hurst Photo, ©Frame Art; p24 ©Taryn Lindsey

Editado por: Laura Malay
Diseño de la tapa e interior: Tammy Ortner
Traducción: Pablo de la Vega

Library of Congress PCN Data

Habilidades animales / Tracie Santos
(Investigaciones sobre el comportamiento animal)
ISBN 978-1-73165-450-2 (hard cover)(alk. paper)
ISBN 978-1-73165-501-1 (soft cover)
ISBN 978-1-73165-534-9 (e-book)
ISBN 978-1-73165-567-7 (e-pub)
Library of Congress Control Number: 2022939577

Rourke Educational Media
Printed in the United States of America
01-0372311937